LES ÉTABLISSEMENTS CATHOLIQUES

DE

PÉ-KING

PAR

ARMAND LUCY.

« Conformément à la clause de l'édit impé-
« rial rendu le 24 mars 1847, sous le règne de
« l'illustre empereur Tao-Kouang, tous les
« établissements religieux et de bienfaisance
« qui ont été confisqués aux Chrétiens leur
« seront rendus avec leurs dépendances. »

(Traité du 25 octobre 1860, art. 6.)

MARSEILLE

IMPRIMERIE ET LITHOGRAPHIE DE JULES BARILE,

Rue Paradis, 13.

—

1861.

LES

ÉTABLISSEMENTS CATHOLIQUES

DE PÉ-KING.

> « Conformément à la clause de l'édit impé-
> « rial rendu le 24 mars 1847, sous le règne de
> « l'illustre empereur Tao-Kouang, tous les
> « établissements religieux et de bienfaisance
> « qui ont été confisqués aux Chrétiens leur
> « seront rendus avec leur dépendances. »
>
> *Traité du 25 octobre 1860, art. 6.*

A partir du moment où l'armée Française a mis le pied sur les côtes du Céleste Empire, sa marche n'a été qu'une suite non interrompue de victoires et de succès ; les brillantes affaires de Tsin-Kou (12 août), Si-Kou (14 août), l'avaient menée devant les fameux forts de Ta-Kou, à l'embouchure du Peï-Ho ; chacun sait qu'ils furent enlevés le 21 août, après une vigoureuse résistance. Ce succès ouvrit à nos soldats les portes de Tien-Sin. Le 9 septembre, le Général de Montauban partit pour Pé-King où l'on devait traiter. Il avait fort peu de monde avec lui. Mais peu importait, puisque l'on considérait la paix comme faite. La trahison des Chinois remit tout en question. Néanmoins, cette question fut rapidement tranchée. Les batailles de Koat-Soun (que les Anglais appellent Shan-Kia-Houen) et de Pa-Li-Kia-Ho (18 et 21 septembre) et le combat d'Yuen-Ming-Yuen (6 octobre) conduisirent nos troupes sous les murs de Pé-King.

I.

La tranchée fut ouverte le 10 septembre, à soixante-quinze mètres de la place, et le 13, dans la matinée (jour fixé pour l'ouverture du feu), la porte la plus rapprochée de nos batteries *(Nang-Ting-Men, Porte de la Paix Profonde)* capitula ; elle fut occupée à midi. Le lendemain, sans plus tarder, le mandarin à bouton de corail (*) Hen-Ki, gouverneur de la Maison Impériale (fonctions équivalentes comme nature et comme importance à celles de nos ministres d'État) fut informé qu'une des clauses du traité serait la remise aux missionnaires Français de l'église ou des églises catholiques pouvant exister à Pé-King, et le libre exercice du culte dans tout l'Empire du Milieu.

(*) On n'ignore pas que les mandarins sont divisés en classes qui se distinguent par la couleur du bouton qui surmonte le chapeau. Ce bouton, de la grosseur d'une noix, est en corail rose pour la première classe, en corail rouge pour la deuxième ; en verre bleu pour la troisième ; bleu opaque pour la quatrième ; en cristal pour la cinquième ; en porcelaine blanche pour la sixième : en cuivre doré pour les trois dernières classes. Il existe aussi une véritable décoration indépendante du grade dont le bouton est l'insigne : elle consiste en une plume de paon à un plus ou moins grand nombre d'yeux, ou en une plume de corbeau, grade très-inférieur. Elle part du bouton et fait un assez gracieux effet derrière le chapeau.

Hen-Ki n'y vit pas d'objections, mais répondit qu'une seule des deux églises, construites sous le règne de l'empereur Kang-Chi, subsistait encore. C'était l'église portugaise. L'église française, située dans l'enceinte même du palais impérial, avait été rasée. L'autre n'avait été préservée que par la présence d'une inscription due à l'empereur Kang-Chi. En conséquence, dans l'après-midi du même jour (14 octobre), le Général en chef envoya le commandant Campenon, de l'état-major général, et M. Lemaire, premier interprète de l'armée et interprète du consulat de Shang-Haï et Ning-Pô, pour reconnaître l'état du monument. Ces messieurs, après avoir traversé la ville Tartare d'un bout à l'autre, arrivèrent à l'église en question. Les portes en étaient murées, mais elles avaient encore au fronton le signe du salut sculpté dans la pierre. Le mur en pierres sèches de la petite porte de gauche de la façade fut démoli sans peine, par ordre du mandarin inférieur qui les accompagnait, et voici le spectacle qui s'offrit à leurs yeux. Je puis en parler sciemment, ayant accompagné le Général en chef dans sa visite du 26, avant qu'aucune réparation eût été faite.

II.

Cette église a été construite en 1657 , d'après les plans d'un jésuite Portugais , le Père Ricci. Elle est du beau style de la Renaissance et précédée d'une cour assez vaste , dans laquelle on a accès par cinq portes : une grande et quatre petites , dont deux sur la façade, à droite et à gauche de la grande, et une sur chacun des côtés. En avant de l'église, à droite et à gauche de la porte, sont deux monuments de forme bizarre , placés sous deux petits toits supportés par quatre piliers carrés. Ce sont deux

tortues monstrueuses , portant sur le dos deux colonnes carrées, dont le chapiteau est formé par des dragons enlacés (*). Sur une de leurs faces est une inscription. Celle de droite est en chinois et en mantchou, celle de gauche est en mantchou seulement. En se retournant, on voit au-dessus de la porte, du côté de la cour, une troisième inscription en chinois, dont voici le sens, que je dois à l'obligeance du Père Delamarre :

« Demeure du Seigneur du Ciel, construite dans
« la vingtième année du règne de l'illustre empereur
« Kang-Chi, qui a donné pour épigraphe : *Beau*
« *site comprenant toute perfection*. L'Empereur a
« donné quarante mille taëls (**) pour sa construc-
« tion. Elle a été détruite le neuvième jour de la
« première lune de la quarantième année de Kang-
« Chi, par le feu du ciel, et l'Empereur a donné de
« nouveau la même somme, sur sa cassette, pour la
« rebâtir. Elle a souvent reçu les preuves de la mu-
« nificence impériale. »

(*) Ces monuments, qui ont un sens symbolique en Chine, et que nous avions d'abord pris pour des tombeaux, existent sur tous les points de l'empire, en pierre, en marbre, en granit. Nous en avons rencontré dans le moindre village. Il paraît, toutefois qu'ils n'ont aucun sens religieux, puisque les missionnaires en sanctionnaient l'usage.

(**) Le *taël* vaut environ huit francs. C'est une monnaie en forme de lingot concave. Elle porte généralement à l'intérieur les caractères *Fou*, Bonheur, ou *Khi*, Félicité. *Fou* :　　*Khi* :

Ce sont ces trois inscriptions qui ont préservé le temple d'une destruction complète, les Chinois poussant aux dernières limites le respect pour les œuvres de leurs empereurs.

Les portes de l'église, également au nombre de cinq, étaient aussi murées. L'une d'elles fut ouverte, et ces messieurs purent pénétrer à l'intérieur. Cette malheureuse église présentait un spectacle navrant, mais pourtant moins désolé encore que ne s'y attendaient les Pères des Missions. Une épaisse couche de poussière et de débris couvrait le sol. Les dalles du parvis étaient brisées jusqu'à moitié de la nef. Sous l'action du temps et des saisons, une partie de la voute s'était écroulée et laissait voir le ciel.

Les murs, sur lesquels on aperçoit encore quelques traces des fresques qui les décoraient jadis, étaient fortement dégradées par la main de l'homme à la hauteur de sept ou huit pieds. La place de l'autel était encore très-visible, bien qu'il eût disparu. Le long du mur pendaient des cadres dorés, dans lesquels sont encore des chassis veufs de leurs toiles, que, d'après leur nombre et leur disposition, je présume avoir été un chemin de croix. Telle est ici la religion : on l'a privée de ses pompes extérieures, mais la foi a survécu, et grâce à nous, on la verra un jour, et ce jour n'est pas éloigné, plus brillante et plus forte que jamais. La voute, dégradée seulement sur le côté gauche de la nef principale, presqu'au dessus du chœur, est encore ornée de fort belles peintures.

Au centre de l'arcade, à l'entrée du chœur, se voient les armes royales du Portugal. La tribune où se trouvaient sinon les orgues, du moins les chœurs, existe encore, et là, comme en bas, se remarquent les mêmes ravages. De balustrades, plus, de vitraux aux fenêtres, encore bien moins, ai-je besoin de le dire? Partout où a pu atteindre la main des profanateurs, l'œuvre de dévastation s'est accomplie féroce, complète, implacable.

Toutes les dégradations, moins celles de la voute, sont l'œuvre des persécuteurs, et on n'en sera pas étonné, en pensant qu'elle n'est fermée que depuis vingt ans.

Monseigneur Mouly, évêque, mais non plus *in partibus*, de Pé-King, que nous avons possédé au milieu de nous, se rappelle y avoir officié, il y a 24 ans.

L'extérieur est en assez bon état, à part quelques parties de la toiture, ce qui se comprend aisément, et un coin du clocher où a poussé un arbre. La cour était devenue un fourré d'arbres, dont quelques-uns sont déjà assez gros. Le Général en chef, satisfait du rapport de ses délégués, décida que la purification de l'église aurait lieu avant son départ, si l'on parvenait à trouver Monseigneur Mouly, obligé, comme on le pense, de se cacher, mais que nous savions être dans les environs.

Il décida, en outre, que l'on y célébrerait en même temps le service funèbre de nos six compatriotes

morts victimes de l'odieuse trahison de Tong-Tchéou,
que les journaux auront relatée et flétrie comme elle
le mérite, et dont nous avions tiré une si éclatante
et terrible vengeance le jour même où elle fut com-
mise, 18 septembre, et le 21 septembre, sur les
champs de bataille de Chang-Kia-Wan et de Pa-Li-
Kia-Ho.

III.

Dans l'après-midi du 23 octobre , on aperçut plusieurs voitures chinoises se dirigeant vers notre camp. Celle qui marchait en tête portait un drapeau tricolore, et les factionnaires présentaient les armes aussitôt que ceux qu'elles renfermaient s'étaient nommés. C'étaient , à la grande satisfaction du Général de Montauban , Monseigneur Mouly lui-même et Monseigneur Anouilh , évêque du Shang-Tong. Chacun comprend l'accueil qui leur fut fait.

Le drame militaire de la campagne touchait à son dénouement. Le 24 octobre, les Anglais signèrent la paix. Le 25, le traité entre le Céleste Empire et la France fut conclu par le baron Gros , ambassadeur extraordinaire de France , et le Prince Kong, frère de l'Empereur régnant , Hien-Fon. D'accord avec le Général en chef, le baron Gros fit insérer au traité une clause par laquelle étaient formellement reconnus la remise de l'église et le libre exercice du culte catholique. Au premier mot qui lui en fut dit par le représentant de la France , le prince Kong donna son assentiment sans faire la moindre objection.

En conséquence, l'article 6 du traité fut ainsi conçu :

Conformément à la clause de l'Edit impérial rendu le 24 mars 1847, sous le règne de l'Illustre

Empereur Tao-Kouang, tous les établissements religieux et de bienfaisance qui ont été confisqués aux Chrétiens, leur seront rendus avec leurs dépendances.

C'était clair, explicite ; non seulement l'église, mais le cimetière, mais les différents emplacements qui avaient été concédés aux Chrétiens par la munificence des Empereurs, nous étaient remis.

Restait maintenant à assurer l'exécution de cette promesse. Le lendemain, sans autre retard, le Général en chef, dont le quartier-général était resté établi dans le faubourg de Nang-Ting-Men, à deux kilomètres de la ville, partit pour aller, en personne, visiter l'église, accompagné du commandant de Bouillé, son aide-de-camp; de deux de ses officiers d'ordonnance, le capitaine de Montauban et le lieutenant Osman ; du colonel Dupouet, commandant le génie du corps expéditionnaire ; des capitaines Béziat et Drouin, du génie ; de M. Lemaire et de moi.

Nous arrivâmes à l'église d'où sortaient le Père Delamarre, des Missions Étrangères, chapelain de l'ambassade, et M. l'abbé de Séré, chapelain de l'armée. Je n'essaierai pas de décrire l'impression profonde que fit sur nous tous l'aspect de cette désolation. Par un mouvement instinctif, tous les fronts se découvrirent dans cette enceinte profanée, et le silence ne fut rompu qu'au bout de quelques minutes. Je ne sais si je fus le seul à éprouver cette émotion, mais, pour mon compte, je fus bien heureux et bien fier d'avoir pu prendre part à une campagne à laquelle ce pieux résultat devait presque donner le caractère d'une croisade. Après l'avoir visitée, le Général donna des ordres pour que l'église fût nettoyée, qu'une réparation sommaire fût faite aux bas côtés de la nef, qui étaient en plus mauvais état que le reste, et pour qu'on la décorât, en vue de la cérémonie, aussi bien que nous le permettaient le peu de temps et le peu de moyens que nous possédions. Le capitaine Béziat fut chargé de ce travail.

Cette visite, d'après le dire de nos espions, a eu dans la ville un très-grand retentissement, d'autant plus grand même que diverses circonstances, insignifiantes pour nous, se sont trouvées concourir à ce résultat. D'abord, le Général en chef était dans sa chaise à huit porteurs, et l'Empereur seul a le droit de circuler dans Pé-King en chaise à huit porteurs. Ensuite, chose importante dans ce pays où l'étiquette règle les moindres détails, cette chaise était verte, rouge et jaune, couleurs réservées ici aux plus grands personnages. Enfin, ce que les Chinois savent parfaitement distinguer, le nombre des officiers qui l'entouraient contribua à impressionner la population. Voilà pour ce qui parlait aux yeux. Pour l'effet moral, il était plus grand encore. Ce n'est pas peu de chose, en effet, dans ce pays, que de voir un chef se déplacer, surtout quand il est le *Sé-Nouan Mong Tâ-Gen* (Son Excellence le maréchal Mong) le vainqueur de plusieurs armées, presque un être surnaturel.

Le nom du Général Mong-Tou-Pan, veut dire :
Austère Régulateur des Empires, il s'écrit :

Les Chinois ont l'habitude de désigner les indivi-
dus par leur premier nom dans le langage familier.
Leur langue étant monosyllabique, chaque syllabe
de nos noms en est donc un tout entier pour eux.

Aussi traduisaient-ils familièrement cette appella-
tion quasi fatidique par *Mong*.

Sé-Nouan est la plus haute dignité militaire chinoise. C'est généralement ainsi que nous désignions
le fameux San-Ko-Lin-Sin.

Tâ-Gen, littéralement : grand homme, est une
qualification honorifique qui, d'après le rang de ceux
à qui on la donne, équivaut au titre français de Son
Exellence.

Les mandarins comprendront désormais qu'en
touchant à la religion, ils touchent à la France, et
nos pieux missionnaires pourront à l'avenir, espé-

rons-le, continuer en paix leur admirable tâche à l'ombre protectrice de notre drapeau. D'un autre côté, les rebelles ont vu ce qu'il leur en a coûté pour le sac de l'établissement religieux de Si-Ka-Houé, près Shang-Haï, et le meurtre de soixante enfants chrétiens et d'un Père de la mission. Puissent rebelles et impériaux se souvenir que nos armes seront là pour venger tout outrage fait, non-seulement au pavillon français, mais à la Religion !

Le lendemain, 27, le Général accompagné d'un plus grand nombre d'officiers que la veille, se rendit de nouveau à l'église, afin de juger par lui-même de l'état des travaux et d'encourager les travailleurs de sa présence. Il y trouva un assez grand nombre de Chinois envoyés par les mandarins, et une corvée de soldats de la ligne, travaillant avec ardeur et gaité. Nous rencontrâmes sur notre passage, et principale-lement aux abords de l'église, un assez grand nombre de chrétiens qui nous saluaient du signe de la Croix, et dont les regards joyeux devaient être, pour le Général de Montauban, une première et bien douce récompense. Ces braves gens s'empressaient autour de nous. Ainsi, je m'étais arrêté pour rajuster ma selle ; un homme se précipita pour tenir la bride : c'était un chrétien. Avant que je fusse remonté un joli petit enfant de cinq ou six ans vint me baiser la main. J'étais assez étonné d'une chose aussi en dehors des usages Chinois, quand le bambin me fit le signe de la Croix, en prononçant très-distincte-ment la formule latine.

Ici doit prendre place une petite particularité histo-
rique que j'ai oublié de mentionner en parlant du
monument. L'église avait été fermée, mais, était
restée surmontée d'une croix en fer et l'était encore,
il y a quatre ans. A cette époque, le prince San-Ko-
Lin-Sin, ayant cru que les Rebelles, ainsi qu'on en
avait répandu le bruit, portaient une croix sur leurs
bannières, la fit enlever. Nous la cherchions vaine-
ment, quand des Chrétiens vinrent nous dire qu'elle
avait été déposée au *Hing-Pou*, Tribunal des Affaires
Criminelles. Le Général fit alors prier l'Ambassadeur
de la réclamer, attendu que les Chinois, ayant promis de rendre l'église en bon état, ne pouvaient la
refuser. Soit malentendu, soit mauvaise volonté, la
croix ne fut pas rendue. Le Général fit alors signifier
d'autorité à Hen-Ki d'avoir à la remettre, sûr, en
agissant ainsi, de l'approbation de son armée, de la
satisfaction de son pays, sûr enfin de l'assentiment
de l'Empereur, qui, non content de défendre à Rome
le Saint-Père contre l'anarchie, venait encore d'en-
voyer une armée en Syrie pour arracher les Chrétiens
aux fureurs des sectateurs de l'Islam. Et vingt-quatre
heures après, la croix fut rapportée à l'église.

IV.

Le 28 , eurent lieu les funérailles des victimes
de la trahison chinoise. C'étaient : MM. Foullon
Grandchamps , colonel d'artillerie ; Dubut , sous-
intendant militaire ; Ader, officier principal d'administration ; Godichot, soldat au train des équipages ;
Blanquet , soldat d'administration ; enfin le brave
Ozouf , soldat au 2me bataillon de chasseurs à pied :
le colonel Anglais Walker , à côté de qui ce dernier
tomba , disait au Général en chef que toutes les
décorations de l'Europe, si on avait pu les lui donner,
n'auraient pas suffi à récompenser sa valeur. Nous
partîmes du quartier-général, escortant à cheval les
six prolonges d'artillerie qui portaient les cercueils
drapés de velours noir brodé en blanc aux initiales
des infortunés qu'ils renfermaient. Hélas , il en man-
quait un ! C'eût été pour nous une triste consolation,
mais enfin une consolation de rendre les derniers
devoirs au malheureux Père du Luc , des Missions
Étrangères, qui, pris avec eux, fut décapité peu après
l'affaire de Pa-Li-Kia-Ho, sur l'ordre du général Tartare Djoué-Lian , suivant les uns , Shem-Pao , suivant les autres. Le Capitaine Anglais Brabison , de
l'artillerie , subit le même sort. On fit des recherches
sur les indications de deux Chrétiens , soldats dans
l'armée Chinoise , qui avaient assisté au supplice,
mais on ne retrouva que quelques débris de vêtements

et quelques ossements dispersés par les chiens qui les avaient rongés.

Tous les officiers qui avaient pu se procurer des chevaux formaient le cortége. Environ cent cinquante officiers Anglais, leur général en chef Sir Hope Grant et tous les autres généraux de l'armée Anglaise en tête, se joignirent à nous. Parvenus au cimetière, situé à huit kilomètres de là environ, sur l'autre face de la ville, nous y trouvâmes Monseigneur Mouly, une cinquantaine de prêtres Chinois, le baron Gros et les divers membres de l'ambassade Française, ainsi que tout le personnel de la légation Russe en grand uniforme. En tête marchait le Général Ignatieff, ambassadeur de Russie à Pé-King, qui a si puissamment contribué à amener le résultat que nous poursuivions. Quoique souffrant, il était venu assister à cette cérémonie. Chrétien, il avait voulu rendre les derniers devoirs à ses frères en Jésus-Christ, indignement massacrés. Européen, il avait voulu saluer la tombe de ceux qui, il y a quelques années à peine, étaient ses ennemis.

Le cimetière, de même que l'église, est précédé d'une vaste cour. Cette disposition, commune aux deux établissements, peut paraître bizarre au premier abord, mais s'explique aisément. On désirait, sans doute, soustraire les cérémonies du culte qui ont lieu à l'extérieur, aux importunités et peut-être même aux insultes des profanes. Quelle que fût en effet la protection que l'on accordât alors à la religion, il fallait, néanmoins, prévenir l'acte de démence de quelque fanatique.

Ce cimetière était anciennement celui des Pères Jésuites. Il est vaste et bien entretenu, grâce à la mission Russe qui l'avait pris sous sa protection, bien qu'ayant un cimetière à elle, (celui où sont enterrés les prisonniers Anglais). De la part de missionnaires d'une autre communion, c'est là un touchant exemple de tolérance et de fraternité chrétienne, comme n'en ont certainement jamais donné les intolérants missionnaires protestants de l'Océanie, et qu'on signale avec bonheur. Le champ d'asile, qui est spacieux et planté d'arbres, renferme un assez grand nombre de tombes, les unes fort belles, les autres assez simples, mais qui nous frappèrent vivement. C'étaient, en effet, des noms connus, parfois même des noms français, des noms enfin familiers à nos oreilles, que nous lisions sur les pierres, là, le Père Ricci, le Père Rideau; ici, Adam Schann, précepteur de l'empereur Kang-Chi, et président du tribunal des mathématiques; plus loin, un membre de l'illustre famille de Guzman, et bien d'autres. En face de l'entrée s'élève, au fond du cimetière, une sorte de calvaire en rocailles. Il y avait encore là un assez grand nombre de ces tortues que j'ai décrites.

Comme la veille, les chrétiens étaient nombreux sur notre route, et ce n'est pas, je l'avoue, sans une certaine émotion, que je vis, entre autres, une femme s'agenouiller et prier dévotement sur le passage du convoi.

Sa Grandeur Monseigneur Mouly officiait pontificalement, reprenant ainsi possession du cimetière au nom de la religion. Outre son clergé indigène, il avait à ses côtés, comme assistants, MM. les abbés Trégaro et de Séré, aumôniers de l'armée Française, Mahé, aumônier catholique en chef de l'armée Anglaise, et le Père Delamarre. Monseigneur Anouilh, appelé par le prince Kong, n'arriva qu'à la fin de la cérémonie. Dans cette entrevue le Prince s'était montré pour lui plein de bienveillance et lui avait promis son appui auprès de l'Empereur. M. l'abbé Trégaro prononça, d'une voix émue, une courte et éloquente oraison funèbre. Le colonel de Bentzmann, commandant de l'artillerie du corps expéditionnaire, puis le Général en chef, exprimèrent, d'une manière simple et touchante, nos derniers adieux à ces braves camarades que nous allions laisser si loin derrière nous sur une terre étrangère, où notre souvenir seul viendrait parfois les retrouver. — Puis, un feu de file, tout était fini !

Telle fut la cérémonie des funérailles, qui laissera un ineffaçable souvenir dans le cœur de ceux qui y ont assisté.

Le 29 octobre au matin, eut lieu la double cérémonie de la purification de l'église et du service funèbre.

Le Général s'y rendit en chaise, accompagné de tout son état-major et d'un très-grand nombre d'officiers, beaucoup plus grand même qu'on n'eût pu l'espérer par le temps qu'il faisait. Le soleil des derniers jours avait fait place à une pluie de neige fondue qui nous coupait le visage. Les troupes désignées s'étaient massées depuis l'aube aux abords de l'église. Une compagnie d'infanterie faisait la haie dans la cour, débarrassée des arbres qui l'encombraient. Quand nous entrâmes dans le temple, une agréable surprise nous attendait. L'église n'était plus reconnaissable. Au lieu d'une ruine, nous avions devant les yeux une église véritable. Le capitaine du génie Béziat, homme d'autant de goût et de zèle qu'il est aimable compagnon, avait opéré ce prodige en deux jours. Le sol, hier encore parsemé de fondrières et de moëllons, était recouvert d'épais tapis de feutre qui en dissimulaient les dégradations. Autour d'un autel établi provisoirement, pendaient de grandes draperies de crêpes semées de larmes blanches. L'autel était étincelant de lumière. Au-dessus, à droite et à gauche se voyaient des peintures religieuses, pieusement volées par les chrétiens lors de la dévastation de l'église, et que ces braves gens s'étaient empressés de rapporter. Dans les grands cadres dorés dont j'ai parlé, étaient des tentures de velours noir, ornées de grandes croix blanches. Au milieu de la nef, se dressait un élégant catafalque recouvert de velours et décoré, comme l'église, de drapeaux aux couleurs nationales. Dans les bas-côtés se pressaient de nombreux chrétiens indigènes, la nef et le chœur ayant été réservés pour les officiers qu'attendaient des fauteuils apportés par les fidèles. L'ambassadeur et la légation Française assistaient nécessairement à cette cérémonie, ainsi qu'une partie de la légation Russe, en bourgeois. A notre grand regret et au leur, les officiers Anglais, catholiques et protestants, qui avaient, en grand nombre, manifesté le désir de se joindre à nous, en furent empêchés par le mauvais temps, qui rendait les routes presque impraticables. La musique et les chœurs du 101me de ligne étaient dans la tribune et faisaient, tour à tour, retentir les voûtes si longtemps silencieuses du temple.

Au service funèbre succéda un *Te Deum* chanté à l'occasion de la paix et de la restitution de l'église. Monseigneur Mouly, qui officiait, assisté de Monseigneur Anouilh, et, comme la veille, de tout son clergé et des aumôniers de l'armée, prit la parole, et d'une voix haletante d'émotion, rendit grâces à Dieu de ce triomphe de la Foi, dû aux armes françaises. Il remercia, au nom de l'Église, le Général en chef et son armée du service qu'ils venaient de lui rendre, sans oublier nos frères d'armes les Anglais, et termina en appelant les bénédictions du ciel sur la tête de l'Empereur. On se sépara après le *Domine salvum*.

Tel fut le dernier acte de la campagne du Général de Montauban, acte d'une immense portée, non-seulement religieuse mais politique. Je crois qu'il contribuera plus encore qu'un traité à assurer la durée de la paix. Un traité, en effet, une fois signé, est déposé dans les archives de l'empire, et dès que le temps a un peu effacé l'impression produite, il devient lettre morte pour les mandarins.

Dans le cas présent, au contraire, ils auront sans cesse sous les yeux un temple rouvert par nous, un culte librement exercé sous notre protection, une croix que nous avons relevée et que nous les aurons forcés à respecter. Et ce sera un avertissement permanent aussi terrible pour eux que le *Mané, Thécel, Pharès*, de l'Écriture. Ce sera un monument éclatant qui rappellera constamment le traité à ceux-là même qui pourraient être le plus disposés à l'oublier.

Enfin, nous aurons, par là, montré au monde que la France est et veut toujours être la fille aînée de l'Église, qu'elle défend en Orient comme en Occident, à Rome comme à Damas, à Damas comme à Pé-King. Nous aurons prouvé une fois de plus que partout où flotte le drapeau tricolore, bien plus, partout où sera parvenu le nom Français, la religion chrétienne doit être et sera protégée et respectée. Et nous aurons attiré les bénédictions du Très-Haut sur les Aigles Françaises, en assurant la reconnaissance officielle de son culte et la tranquillité à venir de ses serviteurs, dans ces contrées, qui, naguère encore, n'avaient à offrir à nos généreux missionnaires que les glorieuses mais douloureuses palmes du martyre.

www.ingramcontent.com/pod-product-compliance
Lightning Source LLC
Chambersburg PA
CBHW051407050726
47595CB00006B/2747